PROJET

DE

CONCORDAT

ENTRE

LE GOUVERNEMENT PERSONNEL ET LE PROGRÈS

SUR LE TERRAIN DES QUESTIONS ÉCONOMIQUES

PAR

M. D'ESTERNO

La conciliation d'un pouvoir fort avec
des institutions libérales
(Lettre du 24 juin 1869.)

Sortons de ces régions où l'on sème
du vent pour récolter des tempêtes.
Bâtissons sur la terre ferme.
(Discours de Nancy, par M. Drouyn de Lhuys.)

PARIS

E. DENTU, ÉDITEUR

LIBRAIRE DE LA SOCIÉTÉ DES GENS DE LETTRES

PALAIS-ROYAL, 17 ET 19, GALERIE D'ORLÉANS

1859

PROJET

DE

CONCORDAT

ENTRE

LE GOUVERNEMENT PERSONNEL ET LE PROGRÈS

SUR LE TERRAIN DES QUESTIONS ÉCONOMIQUES

PAR

M. D'ESTERNO

La conciliation d'un pouvoir fort avec
des institutions libérales.
(*Lettre du 24 juin 1869.*)

Sortons de ces régions où l'on sème
du vent pour récolter des tempêtes.
Bâtissons sur la terre ferme.
(*Discours de Nancy*, par M. Drouin de Lhuys.)

PARIS

E. DENTU, ÉDITEUR

LIBRAIRE DE LA SOCIÉTÉ DES GENS DE LETTRES

PALAIS-ROYAL, 17 ET 19, GALERIE D'ORLÉANS

1869

NOTE PRÉLIMINAIRE

Les brochures ne peuvent malheureusement pas, même en temps de crise, se produire instantanément, comme une épreuve photographique. Pendant qu'elles s'écrivent, les événements suivent leur cours, et, au moment où l'impression se termine, le point de vue n'est pas toujours le même qu'au moment où elle a commencé. Cette considération ne nous empêchera pas de lancer ce travail, dont la partie principale n'est point une affaire de circonstance.

Les crises passent. Les questions économiques restent. C'est pour les avoir ordinairement ignorées et presque toujours méprisées que, depuis quatre-vingts ans, nos gouvernements n'ont jamais pu faire renaître l'équilibre et la stabilité dans les affaires et dans les esprits.

Les questions économiques sont le lest du navire; c'est elles qui maintiennent son aplomb dans les orages. Les questions théoriques en sont les voiles. Tant que nous naviguerons sur un bâtiment très-haut mâté et dépourvu de quille, nous ferons bien de ne pas quitter nos ceintures de sauvétage.

PROJET DE CONCORDAT

ENTRE

LE GOUVERNEMENT PERSONNEL ET LE PROGRÈS

I

CONSIDÉRATIONS GÉNÉRALES

Il arrive quelquefois que le suffrage universel prépare des surprises aux gouvernements.

Et d'autres fois, il arrive que les gouvernements se préparent des surprises à eux-mêmes, à l'aide du suffrage universel.

Le suffrage universel étant le gouvernement de tous, il doit être le gouvernement, sinon par tous, au moins pour tous. Il ne doit pas y avoir de catégories avec le suffrage universel, pas de classes, pas de préférences, pas de privilégiés. L'égalité doit régner entre les professions. Chaque homme doit se classer suivant son ordre de mérite, c'est-à-dire suivant son ordre d'intelligence, de savoir, d'activité et, en un mot, d'utilité.

Une autre nécessité résulte de l'institution du suffrage universel : celle de traiter tous ceux qui votent avec une certaine dose de respect, et de ne pas jouer trop évidemment avec quelques-uns d'entre eux.

Il y a un danger réel à dire à une profession tout entière : Vous devez vous considérer comme une classe à jamais déshéritée et destinée à une infériorité éternelle ; vous serez toujours les derniers parmi les derniers, et vous servirez de marchepied à vos sœurs, à peu près comme le faisait Cendrillon.

Le danger augmente, quand cette profession est tellement nombreuse qu'elle forme, à elle seule, la majorité de la naion.

Et il augmente encore, quand elle est, en réalité, le seul point d'appui certain du gouvernement qui la maltraite ou la laisse maltraiter.

C'est pour avoir méconnu ces vérités élémentaires que le gouvernement français se trouve aujourd'hui engagé dans une crise dont il sortira sans doute, mais qu'il aurait mieux valu prévenir.

Les avertissements ne lui ont pas manqué. Si les nôtres eussent été isolés, il eût pu les négliger sans aucun doute ; mais assez de voix plus autorisées faisaient chorus avec nous. On l'avertissait de toutes parts qu'il lassait la patience de ses partisans les plus dévoués, les hommes de l'agriculture. Comment ne l'a-t-il pas compris ? Le voici.

Pour des causes qui vont être expliquées plus loin, toute communication avait été coupée entre l'agriculture et le chef de l'État. Nous ne parlons pas ici des fêtes ou concours qu'il continuait à honorer souvent de sa présence : nous parlons de ces communications directes, sérieuses et sincères qui font, jour par jour, connaître au souverain la pensée intime de leurs sujets.

Ces communications directes avaient été données à toutes les autres professions, même les plus humbles : elles avaient été refusées à l'agriculture. Il avait été établi que l'agriculture ne communiquerait avec le souverain que par le canal de certains intermédiaires, tels que les sous-préfets et préfets, et les bureaux du ministère de l'agriculture, lesquels intermédiaires ne manquèrent jamais d'intercepter les communications qui leur parvenaient et d'affirmer au souverain que tout allait à merveille, que tout le monde était parfaitement satisfait, et que l'agriculture n'élevait la voix que pour pousser un cri perpétuel d'admiration et de reconnaissance pour l'habileté avec laquelle, eux intermédiaires, la dirigeaient. Or, depuis bien des années, il n'y avait qu'un cri en France contre la profonde ignorance agricole de presque tous, et l'extrême malveillance d'un certain nombre.

Voici comment on s'y était pris pour établir le trompe-l'œil qui a fait illusion au souverain. On a donné des organes à l'agriculture et puis, ces organes, on les a tous falsifiés. On a établi des comices, des sociétés d'agriculture et même des chambres consultatives d'agriculture; et puis les chambres consultatives, on ne les a consultées sur rien. Les comices et les sociétés ont reçu de la main des sous-préfets, quelquefois leurs dignitaires, et presque toujours l'injonction d'avoir à se taire, sous peine de retrait des subventions de l'État, et au besoin, de dissolution. Puis ensuite on a dit au souverain : Voyez comme tout le monde est content ! Pas une plainte, pas une réclamation, pas une demande.

Il fallait cependant remplir ces réunions agricoles où l'agriculture devait être silencieuse. On en chargea les orateurs officiels, qui usèrent le temps en divagations politiques. Ils portèrent, en fait d'agriculture, la santé des ministres, des députés, des évêques, des généraux, des maires, et la leur propre ; en ce sens que le sous-préfet cassait un encensoir sur le visage de son préfet présent, qui le lui recassait immédiatement sur le sien.

Les illettrés de l'assemblée s'en allaient sans avoir bien compris ; les lettrés s'en allaient pleins d'ennui et de dégoût.

D'agriculture, pas un seul mot[1].

Maintenant on me demandera pourquoi tous ces fonctionnaires seraient opposés à l'agriculture et qu'est-ce qu'ils y gagneraient. Ils y gagnent simplement de faire leur chemin. Les professions qui dominent et exploitent l'agriculture, les légistes, les financiers, les commerçants, assiégent les avenues du pouvoir ; elles sont toute-puissantes dans le Corps législatif, dans les ministères et dans le conseil d'État : les fonctionnaires les servent pour en être servis à leur tour. C'est un échange de bons procédés dont l'agriculture seul fait les frais.

Il ne faut pas s'étonner qu'à la longue l'agriculture se soit

---

[1] Nous en citerons un exemple tout récent. La municipalité de Beauvais vient de donner, *à l'occasion du dernier concours agricole,* un grand et beau dîner où fut portée la santé de Jeanne Hachette et de beaucoup d'autres, y compris les pompiers, qui inspirèrent à un orateur l'un des discours les plus pompeux que nous ayons jamais entendus. Mais d'agriculture pas un seul mot, jusqu'au moment où M. d'Havrincourt témoigna sa surprise de cette inconvenance et porta en excellents termes, mais en dernier lieu, la santé des lauréats, qui aurait dû être portée, en tout cas, la seconde.

lassée d'un pareil régime. Tous les hommes aiment la liberté, l'aisance et la considération. L'agriculture ne se trouvait placée, sur aucun de ces points, au même niveau que les autres industries.

Voilà pourquoi une partie des campagnes s'est détachée du gouvernement, qu'elles avaient si fidèlement suivi.

Nous ne voulons pas dire que les questions d'intérêt matériel aient *seules* agi sur les campagnards; cependant on peut dire qu'elles ont presque seules agi sur les campagnards ignorants : et il y a encore beaucoup de ceux-là. Elles n'ont pas laissé que d'agir aussi sur les campagnards instruits; mais ceux-ci ont pu être aussi influencés par des considérations d'un ordre plus relevé.

Les temps étaient changés depuis 1852 ; le pouvoir ne s'en est pas aperçu à temps,

Napoléon Ier disait que la stratégie militaire devait changer tous les dix ans. Il en est de même de la stratégie gouvernementale.

Après 1848, une seule idée prévalait dans tous les esprits : c'était le désir de réprimer, *à tout prix*, les désordres qui menaçaient la société d'une destruction complète. En ce moment, la nation était disposée à acheter la sécurité et l'ordre, même au prix du sacrifice momentané de sa liberté. Cela ne voulait pas dire que ce sacrifice pût être définitif. Une compression sévère était un moyen comme un autre, et peut-être le plus sûr, de mettre fin aux mouvements tumultueux et menaçants, des partis. Mais, le but atteint et l'ordre rétabli, les idées libérales devaient reprendre leur cours et la nation sa marche vers le progrès et vers la liberté ; or le progrès et la liberté sont précisément l'inverse de la compression, puisque leur condition première est une action toujours décroissante du pouvoir et une action toujours croissante de l'initiative individuelle.

Il n'y a de stabilité pour une nation que lorsqu'elle sait se défendre elle-même, se légiférer et se juger elle-même, se faire sa police elle-même, s'administrer et se gouverner elle-même. C'est la recherche assidue de ces aptitudes diverses qui constitue le progrès ; c'est leur possession qui constitue la liberté, sans laquelle le bonheur et la puissance des peuples ne peuvent être qu'éphémères.

Il ne résulte pas de là que les peuples qui ont toujours fait faire, ou laissé faire leurs affaires par leurs gouvernements, puissent être, de prime abord et sans transition, lancés en pleine liberté. La pleine liberté, c'est la navigation au long cours, c'est la haute mer, où l'on trouve, avec une égale rapidité, la richesse, la puissance et le naufrage.

Quels que puissent être les périls, il faut bien que les grands navires en arrivent à tenir la haute mer ; mais ils ne doivent la prendre qu'après s'être gréés, équipés, outillés et surtout pourvus d'un équipage exercé, faute de quoi ils sombrent au premier coup de vent.

De même, les nations ne doivent s'avancer que prudemment et graduellement vers la pleine liberté.

La liberté n'est pas une pépite d'or qui se rencontre fortuitement dans le lit d'un torrent et qui ne coûte que la peine de se baisser pour la ramasser : c'est un fruit qui mûrit en son temps, et grâce aux soins assidus de celui qui doit le cueillir.

Mais, par cela même qu'on ne peut la saisir subitement, on doit marcher continuellement vers elle : c'est cette marche continue qui s'appelle le progrès.

Le progrès, lorsqu'il est bien dirigé, ne peut jamais être trop rapide, mais il peut être mal dirigé ; et, dans ce cas-là, il est toujours trop rapide, puisque, au lieu de faire avancer, il égare : il cesse alors d'être le progrès, quoiqu'il continue à en prendre le nom.

Le but à atteindre, c'est cet état de pleine possession d'elle-même qui permet à une nation de faire ses affaires sans autre guide que ses propres lumières, sans autre mobile que ses propres intérêts, sans autres chefs que les hommes de son choix.

Pour qu'une telle marche soit possible, il faut que l'éducation politique d'une nation soit complète ; tant qu'elle ne l'est pas, la nation, éclairée par les leçons de l'expérience sur son insuffisance momentanée, cherche une direction quelquefois un peu arbitraire, qui lui aide à passer, sans encombre, les années d'études nécessaires pour parachever son éducation.

Cette direction prend différents noms, suivant les temps et suivant les pays : en France, il y a trente ans, on l'appelait la prérogative royale ; aujourd'hui, on l'appelle le gouvernement personnel.

On comprend qu'il peut survenir, entre le gouvernement personnel d'une part, et la nation ou une de ses parties d'autre part, quelques dissidences d'opinion sur les points où doit commencer ou finir le gouvernement personnel.

1° Le gouvernement personnel ne doit pas s'étendre à tout ; il doit se restreindre aux points sur lesquels la nation est encore impropre à faire elle-même ses affaires.

2° Il doit être essentiellement transitoire et cesser au moment où la nation pourra supporter un gouvernement entièrement libre.

3° Il doit s'employer consciencieusement à perfectionner

l'éducation politique de la nation, afin de la mettre en état de se passer de lui.

D'où naissent, habituellement, trois espèces de reproches adressés, avec ou sans justice, aux gouvernements personnels :

1° Vous ne vous bornez pas à régenter la nation sur les points où elle a réellement besoin de votre direction ; vous la régentez même sur les points où l'initiative individuelle serait de beaucoup préférable à l'initiative gouvernementale ;

2° Vous ne voulez pas vous apercevoir que la nation est en état de se régir elle-même et n'a plus besoin de gouvernement personnel;

3° Loin de perfectionner l'éducation politique de la nation, vous la retardez, pour prolonger le temps où elle doit avoir besoin de votre direction.

Ces discussions ne peuvent être évitées, parce que ce ne sont pas là des théorèmes absolus qu'il soit possible de trancher par oui ou par non. Ce sont des propositions nécessairement élastiques et qui ne peuvent éviter de contenir du plus ou du moins.

C'est une affaire d'appréciation. L'appréciation varie d'un citoyen à l'autre, et d'une classe de citoyens à une autre ; à plus forte raison, l'appréciation du pouvoir personnel peut-elle différer des appréciations de certaines classes de citoyens. Elle doit même nécessairement différer de quelques-unes, puisque les appréciations de ces classes ne sont pas identiques, de sorte qu'on ne peut adopter l'une sans s'écarter complétement de l'autre.

Mais, si le gouvernement personnel ne peut espérer de contenter tout le monde et sur tous les points, il peut du moins chercher et trouver un grand nombre de points sur lesquels il doit être en parfait accord avec les partisans d'un progrès sage et mesuré : ce sont les seuls hommes dont il doive rechercher l'alliance.

Il est donc utile de rechercher :

1° S'il y a des points sur lesquels le gouvernement personnel se met en opposition avec les sages partisans du progrès ;

2° S'il y a des points sur lesquels il peut, sans s'écarter de son système, se mettre en parfaite communion d'idées avec eux.

Je m'abstiendrai de la première recherche, parce que assez d'autres s'en sont occupés sans moi, et probablement s'en occuperont encore.

Je m'occuperai de la seconde, parce que, bien qu'elle me paraisse de beaucoup la plus importante, elle est, à ce qu'il me semble, presque entièrement délaissée. Les polémistes des deux camps se bornent à demander, les uns l'absorption immédiate du gouvernement personnel par le parti du progrès, les autres celle du parti du progrès par le gouvernement personnel, résultats qu'on n'obtiendra ni l'un ni l'autre, et qu'il n'est pas désirable qu'on obtienne.

A côté des théories sur les droits de l'homme et sur les formes de gouvernement, viennent se placer les questions pratiques. Les gens qui visent à l'éclat et à la renommée les négligent, parce qu'elles se prêtent moins aux mouvements oratoires et aux discussions d'apparat. Ce sont elles pourtant qui font la prospérité ou la décadence d'un pays.

En France, comme partout ailleurs, ces questions ne pouvaient être pertinemment traitées que par un appel continuel aux lumières des hommes spéciaux. Cet appel a le plus souvent manqué : d'où il est tout naturellement résulté que les questions pratiques n'ont pas reçu la solution qu'elles devaient recevoir ou même qu'elles n'en ont pas reçu du tout.

Pour mieux éclairer, précisons. En agriculture, par exemple, on a constamment évité de laisser aux véritables agriculteurs la possibilité même de donner un avis sur ce qui concernait leur art. On a cru pouvoir constituer une agriculture officielle à côté et en remplacement de l'agriculture réelle ! Et pour cela, qu'a-t-on fait ? On a renvoyé toutes les affaires agricoles à des commissions composées de sénateurs, de députés, de sous-préfets, de conseillers d'État et de bureaucrates. On a donné à ces hommes, peut-être éminents sur d'autres points, mais incapables sur celui-là, des délégations qui leur conféraient la fonction, mais qui ne leur conféraient pas le savoir. On a oublié cette belle et philosophique parole de Napoléon à la bataille de Hanau : *Ce pauvre de Vrède, je l'ai fait comte, je n'ai pas pu le faire général.*

L'histoire adressera certainement ce reproche au second empire, de n'avoir vu, pendant dix-huit ans, que par les yeux de ses fonctionnaires, et de s'être privé d'une masse énorme de lumières, en écartant le concours des supériorités qui n'avaient pas reçu de l'État un traitement et un uniforme.

L'empire répondra que c'était une des nécessités de sa position, et que, dans les premières années de son existence, ce concours n'eût peut-être pas été sans danger.

Prenons pour bonne l'explication, en ce qui concerne le passé, à condition qu'on ne la reproduira plus, en ce qui concerne l'avenir. Nous ne sommes plus au lendemain d'une révolution : le sol ne tremble plus sous les pas de la dynastie. Il ne faut plus se préoccuper uniquement de lutter ; il faut songer à fonder. Or, un gouvernement qui ne s'appuie que sur des fonctionnaires est campé dans le pays qu'il gouverne ; il ne peut s'y enraciner qu'en prenant son point d'appui sur ceux qui y ont eux-mêmes de profondes racines : les chefs de l'industrie, de l'agriculture, du commerce et de la littérature.

En attendant qu'on permette au pays de faire ses affaires lui-même, qu'on lui permette de fournir au moins les renseignements à l'aide desquels elles seront faites. Ce sera un acheminement.

Et surtout, qu'on délivre les citoyens des entraves qui les embarrassent en ce qui concerne la gestion de leurs affaires privées. Qu'on cesse d'alléguer la nécessité de les protéger contre leur propre incapacité et de leur imposer une tutelle qui n'a été jusqu'ici profitable qu'à ceux qui l'exercent.

Les partisans du progrès ont, en France, l'habitude de placer, avant toutes les autres, des questions telles que celles-ci :

Forme du gouvernement : République, Empire, Royauté ;
Responsabilité ministérielle ;
Droit de réunion et d'association ;
Les corps électifs nommant leur président ;
Retrait de la loi de sûreté générale et de l'irresponsabilité des fonctionnaires.
Droit d'adresse et d'interpellations.
Réduction de l'armée et du budget.

Il y a aussi des questions budgétaires de répartition, comme les octrois et les impôts de circulation.

Nul ne saurait méconnaître la gravité de telles discussions ; mais ceux qui concentrent leur attention tout entière sur un si petit nombre de questions ardues, renouvellent, tous les jours, la fable de l'astrologue : ils conduisent la nation vers ce puits de l'abîme qui s'appelle les révolutions.

Dans un temps où les intérêts matériels tenaient apparemment trop de place et occupaient celle qu'on doit réserver à des considérations d'un ordre plus élevé, il a été écrit : « L'homme ne vit pas seulement de pain, mais de la parole qui sort de la bouche de Dieu. » Aujourd'hui les dispositions de beaucoup d'hommes sont retournées, et il est à propos de leur rappeler cette autre maxime : « L'homme ne vit pas seulement de la parole des orateurs, mais aussi de pain et de bien-être, sans lesquels l'intelligence même dépérit. »

En dehors des questions dites politiques, il y a place pour un vaste programme qu'on devrait appeler le *programme du bien-être national*.

Si le gouvernement personnel voulait entrer plus largement dans cette voie féconde et donner une attention plus suivie à ces questions que souvent les partis négligent, il obtiendrait l'approbation de la plupart des partisans du progrès, et il se trouverait plus certainement encore en parfaite communion d'idées avec l'immense majorité de la nation.

On ne peut pas prétendre que le gouvernement personnel n'ait pas été favorable à la production des richesses nationales : l'immense augmentation de la fortune publique et privée serait là pour répondre ; mais le mode d'acquisition et, par suite, la répartition de cette richesse appellent des réformes urgentes.

Tout est privilége en matière de finances, de crédit, d'industrie, d'éducation, de presse, d'administration, de justice et de propriété.

Le respect des personnes et celui du domicile n'existent pas encore.

Le monopole fleurit là où la liberté devrait se développer.

Des richesses immenses se concentrent dans un petit nombre de mains, et comme, depuis longues années, elles sont ordinairement le produit d'opérations entachées d'improbité, comme elles représentent les dépouilles, enlevées par la fraude à la nation tout entière, la nation tout entière s'unit, dans un concert de malédictions, contre ses spoliateurs.

Il est impossible qu'une partie de son mécontentement ne remonte pas jusqu'au gouvernement, auquel, après tout, la répression appartient.

Et cependant le gouvernement, qui en a l'impopularité, n'en recueille pas les bénéfices. Il n'a nul intérêt à maintenir une loi partiale; seulement il se laisse aller aux suggestions des privilégiés qui en profitent ; il se laisse aller surtout aux suggestions d'un corps d'hommes de loi systématiquement hostile à tout perfectionnement et fermement résolu à écarter tout progrès de notre législation.

L'homme de loi, en France, est devenu une espèce de thaleb ou d'ulhéma qui ne connaît que *le Livre*. Tout ce qu'il contient est bon ; tout ce qu'il ne contient pas est mauvais. Il n'y faut rien retrancher, rien ajouter, rien modifier, parce Dieu est grand et que le légiste est son prophète.

Cependant il n'y a pas de perfectionnement possible avec des lois arriérées, et rejeter le progrès législatif, c'est repousser le progrès lui-même.

Les légistes s'indignent lorsqu'un simple citoyen prend la

2

peine d'étudier la loi et ose en signaler les défauts : ils veulent qu'on leur laisse ce soin, bien décidés qu'ils sont à ne pas le prendre.

Quel motif pourrait engager le chef de l'État à entrer dans leurs vues ? et comment l'auteur des *Idées napoléonniennes* écarterait-il de son règne la gloire qui s'attache aux Souverains législateurs, gloire qui lui manque encore à ce moment et que le fondateur de sa dynastie avait si victorieusement conquise !

II

DES FINANCIERS

Notre organisation financière est à réformer dans son entier. Elle est fondée sur le privilége ; il faut la fonder sur la liberté.

Un établissement monstre s'est attribué le monopole de l'émission des billets de banque. Je dis « s'est attribué, » parce qu'il n'y a, ni dans ses statuts, ni dans la législation française, un seul mot qui l'y autorise. Le gouvernement n'a pas pu lui donner un droit que la loi seule pouvait créer; mais le gouvernement pouvait fermer les yeux sur son usurpation et maintenir le fait : c'est, en effet, ce qui est arrivé.

C'est une vaste spoliation du droit que les capitalistes possèdent et avaient toujours exercé, de créer des établissements émettant des billets, en se conformant aux lois. C'est aussi une vaste spoliation du droit que possède la nation, de multiplier les établissements qui répandent les capitaux.

Au-dessous de l'établissement monstre qui exerce ce désastreux monopole de fait, dont la France seule offre l'exemple, fleurissent les maisons de banque auxquelles le gouvernement vend, sous le nom de patente, une licence pour faire l'usure. Le banquier prête à 8 ou 10 pour 100 ; on lui impose seulement l'obligation de donner le nom de *commission* à la partie de l'intérêt qu'il touche et qui s'élève au-dessus de 6 pour 100. Il est interdit aux autres citoyens de prêter à plus de 5 pour 100. Pourquoi? Parce qu'ils pourraient alors prêter à 5 et demi, ce qui restreindrait l'usure que font les banquiers ; les gens qui trouveraient de l'argent à 5 et demi refuseraient certainement de l'emprunter à 10.

Pendant qu'on privait la nation entière du droit de prêter, et cela dans l'intérêt de quelques centaines de monopoleurs, on privait aussi, de la faculté d'emprunter, les deux tiers de la nation, toute sa partie agricole, en lui ôtant la possibilité de donner des sûretés pour les fonds qu'on lui aurait confiés. C'est ainsi qu'on a maintenu tous les cultivateurs dans un état d'abaissement et de pauvreté comparatifs ; c'est ainsi qu'on a retardé de cent ans le développement de notre production agricole, qui pourrait être si facilement et si rapidement doublée. Et cela dans quel intérêt? Dans l'intérêt des manipuleurs d'argent. On a voulu que les capitaux disponibles affluassent tous à la Bourse, pour y alimenter les spéculations que chacun sait.

L'agriculture s'est plainte de la position exceptionnellement malheureuse qui lui était faite, et alors, sous prétexte de lui donner une banque spéciale qui devait lui fournir de l'argent, on a créé un vaste et puissant établissement qui n'a d'autre occupation que de lui enlever le peu qui lui en restait encore.

Des plaintes unanimes se sont élevées contre cet établissement, en dehors et en dedans des Chambres ; le gouvernement a fait la sourde oreille, mais le corps électoral vient de faire justice, en frappant le chef et le créateur de cet établissement. Le gouvernement fera-t-il encore semblant de ne pas comprendre ?

III

DES HOMMES DE LOI

Il n'est pas bien certain que les hommes de loi ne fassent pas plus de mal que les financiers. Ils reproduisent en 1869 tous les abus de l'ancien régime.

1° On se rappelle cette phrase irrévérencieuse d'Augereau à Napoléon Ier, après la messe du champ de Mars : « C'est une belle capucinade ; il n'y manque qu'un million d'hommes qu'on a tués pour détruire ce que vous venez de reconstituer. » Si Augereau revenait à la vie et jetait un coup d'œil sur le corps de nos hommes de loi, il dirait : « C'est une belle ba-socherie, et ce n'était pas la peine d'abolir l'hérédité des charges en 1791, pour la rétablir sinon de droit, au moins de fait, en 1816. » Aujourd'hui les charges d'officiers ministériels se transmettent et se vendent, exactement comme elles le faisaient il y a cent ans.

Il est bien vrai que le droit n'existe pas et que c'est par tolérance et par faveur qu'on les laisse vendre ; mais l'abus n'en est pas moins nuisible pour cela, et, comme on l'a laissé s'enraciner, la question de bonne foi peut être à présent invoquée ; et, quand on supprimera la vénalité des charges, on ne pourra pas la supprimer sans indemnité. Au reste, il y a une classe d'officiers ministériels qui ne pourra pas être supprimée, celle des notaires, que l'industrie libre ne saurait suppléer.

2° Depuis l'année 1810, les avocats ont purement et simplement dépouillé le public du droit de parler et se sont fait attribuer celui de parler seuls à sa place. Quand vous avez un procès civil, vous n'avez pas le droit de donner au tribunal la plus légère explication ; vous devez payer un avocat pour cela et vous tenir dans un respectueux silence, pendant que vous lui entendez perdre votre cause par une plaidoirie maladroite.

Voilà ce que les avocats appellent fièrement la *liberté de la défense* : c'est précisément la confiscation de cette liberté. La vraie liberté de la défense consiste à se défendre soi-même ou à se faire défendre comme on l'entend et par qui on l'entend. Quand on voudra la rétablir, il n'y aura qu'à rapporter le décret de 1810, qui la supprime.

3° Les juges sont en possession de juger contrairement au sens réel de la loi et suivant une interprétation entièrement arbitraire ; ils sont également en possession de déterminer dans quelle proportion les engagements contractés doivent être exécutés. Ils modifient les échéances, retardent les époques d'exécution et annulent purement et simplement les clauses les plus précises, sans autre travail que de leur appliquer le mot *comminatoires*. Ils n'hésitent pas davantage à écarter les circonstances qui leur déplaisent, et à taire ou contredire, dans leurs jugements, un fait avéré : c'est-à-dire qu'ils se mettent au-dessus de la loi, du droit, des engagements pris et de la vérité.

4° Le parquet est investi du droit *absolu* de requérir ou de ne pas requérir l'application de la loi. Il use de ce droit suivant son caprice, de sorte que les lois répressives peuvent ne pas exister pour ses amis et exister pour le reste de la nation.

5° Les hommes de loi sont convaincus qu'ils ne sont point créés pour les besoins de la justice, mais que la justice est créée pour leurs besoins.

Beaucoup sont arrivés à ce degré d'éblouissement, de croire qu'ils sont non les défenseurs payés, mais les *créateurs* et, par conséquent, les dispensateurs et les régulateurs de la propriété. J'ai sous les yeux le *Programme des questions proposées* à la Société d'économie politique de Paris, pour être discutées dans ses prochaines réunions; j'en extrais textuellement la proposition suivante que l'on a pu voir souvent soulevée par les légistes qui se mêlent de théorie.

« N° 16. La propriété est-elle créée par la loi, ou est-elle une conséquence de la nature humaine? » — Ainsi la propriété n'existerait pas si un légiste n'était pas venu la proclamer! Combien nous sommes heureux qu'ils nous aient rendu ce service !

L'imagination la plus féconde ne pourrait pas inventer un plus complet renversement de la logique et du bon sens.

6° Il existe un code de procédure créé, tout entier, dans l'intérêt de la chicane et de la fiscalité. Il faudrait le réformer, et l'on s'en occupe; mais si, conformément à l'ancienne méthode, on confie cette réforme aux légistes sans prendre l'avis des justiciables, on aura une aggravation de charges, au lieu d'une diminution.

Rien n'est plus parfaitement facile que d'introduire la simplicité et le bon marché dans le rendement de la justice : il faut seulement, quand on voudra s'occuper d'une réforme, appeler au conseil les justiciables, en même temps que les justiciants, et ne pas confier le soin de cette introduction à ceux qui ont un intérêt direct et majeur à la faire échouer.

IV

DE LA LIBERTÉ DE LA PRESSE

Notre loi sur la presse est à réformer en entier : il faudra revoir plus tard tout ce qui concerne les brevets des libraires et des imprimeurs, leur responsabilité, le timbre sur la presse périodique, l'excitation à la haine et au mépris du gouvernement, etc...

Écartons le côté politique de la liberté de la presse ; mais on devrait revoir, dès à présent, les parties de notre législation sur la presse qui concerne les transactions privées et les rapports des citoyens entre eux.

A ce point de vue, la presse française est privée de toute espèce de liberté, si ce n'est pourtant de celle de faire le mal.

La presse a été le grand agent de ces fraudes monstrueuses qui ont, depuis tant d'années, déshonoré notre industrie et ravagé notre pays.

La presse est libre, quand il faut répandre des prospectus

mensongers et piper les capitaux des actionnaires ; elle ne l'est plus quand il faut démasquer l'imposture. En Angleterre, chacun peut démentir des annonces entachées de fourberie et fournir la preuve juridique de leur fausseté. En France, celui qui a le courage de le faire est poursuivi comme diffamateur et condamné, sans jamais être admis à fournir la preuve qu'il possède. Une loi plus absurde n'a jamais existé dans aucun pays.

Elle nous reconnaît le droit de faire connaître nos opinions, et elle nous refuse le droit de faire connaître les faits sur lesquels nos opinions s'appuient ! !

Et tandis que la vie professionnelle des flibustiers de l'industrie est soigneusement défendue et abritée contre les révélations de leurs victimes, la vie privée des citoyens est livrée, dans la pratique, aux investigations incessantes de journaux spéciaux qui ne vivent que d'attaques contre les personnes, contre l'honneur des femmes et contre la sécurité des familles.

Le parquet et la justice assistent, les bras croisés, à ces scandales qui déshonorent la France aux yeux des étrangers. Le parquet et la justice interviennent dans un seul cas, celui où ils peuvent poursuivre et condamner ceux qui ont défendu leur honneur et celui de leurs familles par les seules armes qui leur étaient laissées.

Si l'on juge que le régime de la presse politique ne puisse être maintenant amélioré, que l'on améliore du moins le régime de la presse qui s'occupe de l'industrie et de la vie professionnelle ! En quoi la marche du gouvernement se trouverait-elle entravée, si les spéculateurs de bourse ne pouvaient plus duper le pays par de grossières et mensongères annonces, et si le *mur de la vie privée*, aujourd'hui arasé au niveau du sol, était quelque peu exhaussé ?

V

DE L'AGRICULTURE

L'agriculture est la principale des industries françaises ; elle est aussi celle qui fournit à l'empire le plus grand nombre de partisans dévoués. Quel intérêt pourrait donc avoir le gouvernement personnel à maintenir l'état d'infériorité et d'oppression où elle a vécu jusqu'ici? Cet état, il est probable que le gouvernement personnel l'ignore. On a soigneusement coupé toute communication entre l'agriculture et lui. Les chambres consultatives d'agriculture sont sous la direction absolue des sous-préfets, qui leur imposent un mutisme complet. Les mêmes sous-préfets dominent souvent les sociétés d'agriculture.

Quand, par hasard, les vœux de l'agriculture peuvent parvenir au gouvernement personnel, il leur fait bon accueil et donne des ordres pour que l'on s'en occupe. Mais l'affaire trouve dans les bureaux une telle force d'inertie que les ordres de l'empereur demeurent sans exécution.

Depuis un an, il s'est formé à Paris une *Société des agri-culteurs* qui compte parmi ses 2,400 associés 80 membres du Corps législatif, plus l'élite des écrivains agricoles et des agri-culteurs de France. Elle est dépourvue de tout esprit d'oppo-sition et est présidée par un des hommes les plus capables de France et les plus attachés à l'empire. Malgré cela, on lui a refusé jusqu'ici toute espèce d'autorisation.

Le gouvernement personnel a-t-il quelque intérêt à cela? Assurément non. S'il intervenait et faisait cesser ces procédés malveillants, sa popularité ne pourrait qu'en être augmen-tée.

En attendant, l'industrie agricole est exceptionnellement maltraitée entre toutes les autres. On ne veut pas que les capitaux puissent lui arriver; les mesures prises pour les écarter sont maintenant connues et leur maintien commence à soulever le mécontentement à peu près unanime des culti-vateurs. La Société des agriculteurs, celle des sylviculteurs, la Société centrale d'agriculture et les congrès agricoles de Lyon, de Chartres et de Beauvais, ont commencé à le dé-montrer. Pourquoi attendrait-on pour faire justice que le mé-contentement ait grossi?

L'agriculture est livrée aux pillards et aux maraudeurs de toute espèce; le parquet qui défend les autres industries contre les déprédations refuse de jamais protéger celle-là.

On ne veut pas même la débarrasser des grands animaux nuisibles, qu'il serait si facile de faire disparaître.

L'irrigation, le plus puissant peut-être de tous les moyens de fertilisation, est rendue impossible par des stipulations telles que celle-ci : L'administration n'approuve jamais une prise d'eau qu'en se réservant le droit de la supprimer sans autre motif que sa volonté. Qui oserait entreprendre des travaux coûteux, avec une pareille épée de Damoclès suspendue sur la tête? Voilà comment on empêche la fertilisation de plusieurs millions d'hectares.

Il en est ainsi de tout le reste. J'ai tâché de le démòntrer dans trois gros volumes qu'il serait inopportun de reproduire ici.

Qui pourrait prétendre que c'est au profit du gouvernement personnel que de tels abus sont maintenus? et s'il n'y trouve aucun profit, pourquoi ne pourrait-on pas espérer qu'il se joindra à ceux qui s'occupent de leur destruction?

Une grande leçon ressort des dernières élections. Depuis quinze ans, le gouvernement s'est occupé uniquement du bien-être des ouvriers des villes, qu'il espérait apparemment s'attacher; il a négligé les ouvriers des campagnes, dont il croyait être sûr et dont il était sûr, en effet, il y a peu de temps encore.

Les élections ont fait connaître le résultat de ce système. Les ouvriers des villes n'ont point été gagnés, et les ouvriers des campagnes commencent à ressentir l'abandon où on les a laissés. Ils ont donné encore une majorité au gouvernement, mais une majorité diminuée en nombre, en résolution et en conviction. Il est très-clair que la campagne chancelle.

Il semble qu'il est temps d'aviser; car les villes étant alié-nées, si on laisse les campagnes se détacher, que restera-t-il? L'armée! Il est certain que, dans une circonstance donnée, les suffrages de l'armée peuvent être d'un grand poids; mais, dans l'habitude de la vie, il faut pourtant en avoir d'autres à mettre à côté.

VI

AFFAIRES PAR ACTIONS

L'immoralité la plus intolérable s'est introduite dans la gestion des affaires par actions. Si on n'y porte remède, elle finira par les rendre tout à fait impossibles et par tuer définitivement l'industrie.

Toutes les fraudes, tous les mensonges sont tolérés dans la distribution des prospectus. De fausses souscriptions sont publiées ; de fausses assemblées d'actionnaires sont données comme valables, en ce sens qu'on les compose de commissionnaires payés à 3 ou 5 francs la séance : on leur donne le nom d'actionnaires, après quoi les vrais actionnaires sont engagés par les délibérations de ces hommes de paille. Le parquet refuse, dix fois sur onze, de poursuivre soit les détournements commis par les caissiers ou gérants, soit les falsifications ou autres duperies de toutes les formes. Il est bien et.

dûment admis, même par la cour de cassation, que le mensonge n'est point une fraude.

Si le gouvernement personnel voulait un peu nettoyer ces écuries d'Augias, comme il a aéré les quartiers malsains de la capitale, ce serait moins cher, et la nation lui en saurait, au moins, autant de gré.

VII

BUREAUCRATES

NÉCESSITÉ DE LA SUPPRESSION IMMÉDIATE DU GOUVERNEMENT PERSONNEL,
PARTOUT OU IL EST EXERCÉ PAR UN AUTRE QUE PAR LE CHEF DE
L'ÉTAT.

Nous avons en France deux gouvernements personnels bien distincts : le gouvernement personnel de l'empereur et le gouvernement personnel des bureaux.

On allègue, pour défendre le gouvernement personnel de l'empereur, qu'il apporte à la direction des affaires une dose d'intelligence supérieure à celle qu'y apporterait un autre gouvernement. Mais que peut-on alléguer pour défendre le gouvernement personnel de la bureaucratie? Ce n'est assurément pas la dose d'intelligence supérieure qu'elle apporte aux affaires. Elle ne connaît que la routine, la réglementation et le *statu quo*. La bureaucratie, c'est le *remora* qui, suivant les anciens, arrêtait la course des navires. Pour traduire cette idée en termes plus modernes, la bureaucratie c'est le sabot, le frein, l'enrayage, le lazzo qu'on jette aux jambes de quiconque veut aller en avant.

Il n'y a pas habituellement un accord parfait entre les tendances du gouvernement personnel d'en haut et celles du gouvernement personnel d'en bas représenté par la bureaucratie.

Lorsqu'il y a dissidence d'opinion, le pouvoir de la bureaucratie tient en échec celui des ministres et celui de l'empereur, et pour tout ce qui n'est pas précisément affaire d'État, c'est ordinairement lui qui sort vainqueur du conflit. Si, par suite de quelque catastrophe politique, le Corps législatif venait à disparaître, le gouvernement français pourrait être défini : une monarchie absolue tempérée par ses bureaux.

La bureaucratie est d'autant plus funeste au gouvernement personnel d'en haut qu'après l'avoir contrarié, elle le compromet. Le public ne peut pas distinguer ce qui lui vient de la bureaucratie de ce qui lui vient à travers la bureaucratie, et l'impopularité qu'elle s'attire rejaillit en grande partie sur le pouvoir d'en haut qui en est souvent innocent.

Cependant il n'en est innocent que temporairement. Il en accepte sa part de responsabilité, lorsqu'il couvre, ainsi qu'il fait toujours, la bureaucratie d'une impunité absolue. Il est à peu près sans exemple qu'un bureaucrate, quoi qu'il ait pu faire, ait été désavoué et blâmé par ses chefs.

Voici comment s'est créée la bureaucratie et comment elle subsiste. On a créé, en France, dix employés là où il n'en fallait qu'un ; puis, comme on ne pouvait pas les laisser à ne rien faire, on s'est efforcé de trouver de l'ouvrage pour employer les employés. On ne pouvait pas les employer à faire, ils y étaient impropres ; mais on pouvait les employer à empêcher de faire, et c'est le parti qu'on prit. Il fut établi que tout citoyen qui voulait agir aurait sur la gorge le pied de trois employés exclusivement voués à cette occupation.

Dieu sait les obstacles de toute sorte qui en résultèrent pour les entreprises utiles! Dieu sait les plaintes et les accusations, hélas! souvent fondées, de fainéantise, d'arbitraire, de partialité, sans compter celles de vénalité et de corruption! Dieu sait la défaveur et l'impopularité qui en ont si souvent rejailli sur le pouvoir!

Le mal de la bureaucratie, loin de tendre à décroître, s'aggrave et s'élargit tous les jours.

On crée de nouveaux emplois au lieu de supprimer les anciens, et puis l'omnipotence des employés et leur mépris du public augmentent. Les chefs de service et la plupart des chefs de division ne reçoivent plus, même à leurs jours de réception, que les sénateurs et les députés. Les produits de l'élection d'un ordre moins relevé doivent demander des audiences, et on les leur fait attendre souvent.

Les plus petits employés se regardent comme des potentats; ils se rengorgent dans leur importance, et dans leur insolence quelquefois.

Si le gouvernement personnel voulait, un jour, balayer les neuf dixièmes de ces fainéants et les renvoyer à l'agriculture et au commerce extérieur, où l'on a tant besoin d'eux, quelles actions de grâces lui rendrait la nation!

Il est vrai que, pour un certain nombre, il peut y avoir des droits acquis. Eh bien, qu'on leur conserve leur traitement et qu'on les dispense de tout travail! Il y aura profit pour le public, et, pour eux, il y aura si peu de changement qu'il n'est pas sûr qu'ils s'en apercevront.

VIII

DE L'ÉDUCATION

Sous l'ancienne monarchie, l'éducation ne pouvait avoir pour but de former des citoyens et des hommes libres. Des citoyens, il n'en fallait pas. Des hommes libres qu'en aurait-on fait? Sous Louis XIV et sous Louis XV, on n'en pouvait faire que des conspirateurs. L'apparition de tels hommes eût été un désastre, à une époque où il ne fallait que des courtisans. Aussi, des littérateurs du plus haut mérite et complétement dévoués au pouvoir d'alors composèrent un système d'éducation si paternel et si artistement combiné, qu'il devait prévenir, d'une manière à peu près certaine, le développement des facultés dangereuses qu'on redoutait.

Et en effet, il le prévint si bien que lorsque l'ancien régime s'écroula, la France chercha vainement des hommes pour remplacer ceux qu'elle avait mis à terre. Après la mort du seul homme d'État qu'ait produit la première période de la Révolution, il lui resta d'un côté des rhéteurs impuissants, et de l'autre des bouchers stupides.

Ces gens-là ont fait école cependant! Et on trouve aujourd'hui une foule d'hommes distingués qui se passionnent les uns pour les Girondins, et les autres pour les Montagnards, c'est-à-dire pour des avocats et pour des massacreurs; et, dans la pratique, leur école s'est conservée. Elle se conservera tant qu'on maintiendra la pépinière où ils se sont formés. Cette pépinière-là, c'est l'ensemble d'études qu'on est convenu d'appeler par excellence l'éducation classique, c'est-à-dire l'éducation des classes, comme s'il ne pouvait pas y avoir d'autres classes où l'on donnerait l'éducation.

C'est l'éducation classique qui se charge de former ou de déformer la jeune France, comme elle se chargeait de former ou de déformer l'ancienne. Cette éducation ne manque pas plus son coup aujourd'hui qu'elle ne le manquait autrefois. Ceux qui ne voudraient pas prendre la peine de l'étudier dans ses systèmes et dans ses détails, n'ont qu'à l'étudier dans ses produits.

Les pères de famille en gémissent; mais qui est-ce qui se préoccupe des gémissements des pères de famille? Le public n'est rien en France : les corporations sont tout. Il y a un corps enseignant : il faut qu'il enseigne. Et comme il ne veut pas refaire son éducation, il ne peut donner que celle qu'il a reçue. Les élèves sont créés pour la plus grande commodité des maîtres, et non les maîtres pour la plus grande utilité des élèves : les maîtres n'ont donc point à tenir compte de la diversité des temps et à se plier aux exigences de l'époque nouvelle. Ils enseignent ce qu'enseignaient, il y a cent ans, leurs prédécesseurs.

Comment veut-on qu'il sorte des hommes du moule où l'on coulait des impuissants?

C'est vainement qu'on fait semblant d'accorder quelque latitude dans le choix des maisons d'éducation.

Le nœud de la question gît tout entier dans le programme des examens : tant qu'il n'aura pas été radicalement réformé, il ne se formera pas une nation en France. Et la réforme ne se produira jamais dans un sens utile, tant qu'au lieu d'y appeler ceux qui ont intérêt à la produire, on la confiera à ceux qui ont intérêt à l'empêcher.

IX

DE L'INVIOLABILITÉ DU DOMICILE. — DU RESPECT
DE LA PERSONNE

Il est unanimement reconnu, par tous les peuples qui ont
l'habitude de se gouverner eux-mêmes, que le point de départ
de la liberté publique, c'est la liberté privée. Avant de gérer
librement et virilement les affaires de l'État, il faut avoir su
gérer librement et virilement les siennes. Avant de défendre
les droits de la nation, il faut avoir pris l'habitude de défendre les siens.

La première chose à faire pour créer le courage civique
dont il n'existe, en ce moment, aucune espèce de rudiment
en France, c'est d'assurer aux citoyens le respect de la personne et l'inviolabilité du domicile.

L'inviolabilité du domicile paraît avoir été absolue dans
l'ancienne loi : chacun avait le droit de la défendre par les
armes :

« Quum fortis armatus custodit atrium suum, in tuto est et in tuto sunt omnia quæ possidet. Sed si fortior... etc.

« Tout homme valide doit défendre son foyer par les armes, jusqu'à ce qu'un autre homme plus fort que lui l'ait terrassé et les lui ait arrachées. »

La même inviolabilité, le même droit de défense existe en Angleterre. Les agents mêmes du gouvernement ne peuvent pénétrer chez un citoyen que dans des conditions rigoureusement déterminées et avec un mandat parfaitement en règle : si le mandat manque d'une des formalités légales, il y a violation de domicile : le citoyen a le droit de se défendre. Il y a eu des exemples d'agents de la force publique tués dans de pareilles circonstances. Le jury a constamment refusé de regarder le fait comme meurtre et de condamner à mort le citoyen qui avait défendu ses foyers, même contre un agent de l'autorité qui croyait accomplir son devoir.

En France, la violation de domicile est bien prévue par la loi ; mais, dans l'application, les tribunaux n'y attachent aucune importance. Le combat qui peut en résulter est une rixe et rien de plus. Si celui qui défend son domicile blesse son agresseur, on le condamne pour coups et blessures : s'il le tue, on le poursuit pour meurtre.

La différence du traitement dépend de la différence du point de départ et de la différence de l'esprit des tribunaux dans les deux pays. En Angleterre, on veut que chacun fasse ses affaires et ne vienne réclamer l'assistance des autorités que là où l'action individuelle ne suffit plus. En France, l'administration et la magistrature ne pensent qu'à multiplier leur action, en la rendant indispensable. Un homme viole votre domicile ; vous avez des armes ? cachez-les, de peur qu'il ne les prenne, et courez chercher la force armée. Quand elle arrivera, le malfaiteur sera loin : votre maison aura été pillée, votre femme et vos enfants outragés : mais la gendarmerie aura été glorifiée.

Le respect de la personne n'existe pas plus que celui du domicile. Les punitions pour injures ou coups sont dérisoires. Les punitions pour insultes n'existent pas. On voit à Paris, dans les foules, des bandes de quarante gamins ou polissons de différents âges qui se précipitent comme une avalanche à travers la foule, enfonçant les chapeaux, déchirant les robes, frappant et renversant tout. La police trouve cela drôle, et dit : Il faut bien que ces jeunes gens s'amusent. Si l'un des passants frappés se défendait, c'est probablement lui qui serait arrêté.

Mais ce que peuvent faire les gamins de Paris est de peu de gravité, en comparaison de ce que fait la justice. Devant les tribunaux, l'insulte entre, comme un assaisonnement obligé, dans les discours des avocats, du parquet et de la magistrature. Les présidents adressent aux accusés et aux témoins des injures tellement grossières qu'il est difficile d'imaginer quelque chose de pis, comme, par exemple, celle-ci adressée à un témoin : *Votre conduite a été infâme et lâche.* Ces présidents ne s'aperçoivent pas que la leur n'est pas très-généreuse et qu'ils portent atteinte à la dignité et à la gravité de la magistrature.

Quand les représentants de la justice, dans l'exercice de leurs fonctions, et du haut de leur tribunal, se permettent de pareils écarts, on ne peut attendre qu'ils les répriment bien sérieusement, quand d'autres se les permettent.

Aussi les attaques contre les personnes, les sévices, les mauvais traitements prennent toutes les formes et finissent par acquérir la puissance d'une institution.

Dans les grèves, par exemple, la liberté des citoyens est outrageusement violée. Le droit de se mettre en grève est en lui-même incontestable, puisque ce n'est rien autre chose que le droit de disposer de sa personne; mais le droit de mettre en grève par la violence ceux qui ne s'y mettent pas volontairement n'est rien autre chose que le droit du plus fort; c'est un acte de tyrannie et de rapine, puisqu'on dispose à la fois de la personne d'autrui et de ses moyens d'existence. Eh bien, ces actes coupables ne rencontrent presque nulle part une répression sérieuse de la part de l'autorité : elle réprime les violences collectives de la rue, mais non les violences individuelles et commises à domicile. Dans les grèves qui se sont multipliées à Paris, on allait battre *chez eux* ceux qui ne voulaient pas faire grève, acte aussi oppressif qu'aurait été celui qui aurait consisté à battre ceux qui voulaient la faire. La police avertie n'a pas cru devoir intervenir d'une manière efficace.

La grève de Saint-Étienne, où le sang a été répandu, a commencé, au dire des journaux, par l'arrivée d'une bande de cent cinquante hommes qui ont imposé, par la force, l'interruption des travaux.

Ces questions vitales de l'inviolabilité de la personne et du domicile pourraient être résolues, dans le sens de la liberté, sans exercer aucune action sur les questions appelées questions politiques.

Au surplus, ces dernières questions ont le privilége exclusif de passionner beaucoup de gens, qui disent tranquillement : Il faut d'abord vider la question Rouher et la question Ollivier, le salut de la France est là ; il faut mettre de côté toutes les autres.

Ce n'est pas mon avis.

X

DE L'ÉMEUTE. — DES MALFAITEURS

Le respect ·de la personne et l'inviolabilité du domicile nous conduisent naturellement à la question de l'émeute, qui en est la négation la plus éclatante. Cette question n'est peut-être pas, en ce moment-ci, entièrement dépourvue d'à-propos. L'émeute avait disparu depuis bien des années ; elle reparaît, fort réduite en nombre et en gravité, il est vrai, mais cependant encore menaçante. Les émeutes de juin manquaient de sérieux, mais il n'en était que plus facile de les étudier dans leurs détails et de chercher les moyens de les réprimer.

Le maintien de l'ordre sur la place publique doit être, comme toutes les autres fonctions sociales, basé sur l'intervention directe des citoyens. Il en est ainsi dans tous les pays libres : nous devons accoutumer les Français à faire leur police eux-mêmes. Rien n'est plus simple, et nous n'avons qu'à imiter ce que nous voyons pratiquer, avec un plein succès, dans d'autres pays : mais, en France, une autre idée a prévalu. Par suite du système qui consiste à réduire les citoyens à un rôle purement passif et à les écarter du maniement de leurs propres affaires, pour faire intervenir, en toute circonstance, l'autorité, on a décidé que l'émeute ne devait être combattue que par des gens en uniforme, avec des casques, des tricornes, ou des bonnets à poil.

Il est impossible de supposer que les gouvernements français aient eu, habituellement, l'intention de chercher les moyens les plus inefficaces de réprimer l'émeute, afin d'imposer à ses agents un maximum de fatigue et d'en obtenir un minimum de service utile. Et cependant, si on jugeait par l'événement, c'est à cette conclusion qu'on devrait s'arrêter. On s'en convaincra, si l'on veut comparer les méthodes de répression employées en Angleterre avec les méthodes employées en France.

Examinons d'abord les armes.

On lance, dans les rues de Paris, des cuirassiers et des chasseurs à cheval. C'est un équipage bien peu commode pour saisir et emmener des prisonniers.

On amène aussi des soldats armés de lourds fusils de munition, avec une énorme baïonnette au bout. Ces fusils, en tant qu'armes à feu, ne peuvent être employés que dans des circonstances tout à fait extrêmes et par conséquent tout à fait exceptionnelles. Hors de là, on ne peut pas lancer dans les rues de Paris des projectiles qui manquent souvent le but visé, et vont en frapper un autre, à 500 mètres de distance. Ainsi, le fusil ne sert ordinairement à rien qu'à embarrasser les mains des défenseurs de l'ordre;

l'homme qui tient un fusil ne peut pas saisir un autre homme, à moins d'abandonner son arme. Sa baïonnette est-elle au moins l'arme la mieux choisie pour l'émeute des rues ? C'est le contraire. Sauf le cas de véritable bataille, comme celles de 1848 et de 1830, l'arme contondante est la seule qui convienne pour la police des rues. Parce qu'un homme éteint le gaz et renverse les kiosques du boulevard, on ne peut pas le percer d'outre en outre et le mettre à mort sur la place ; il n'y aurait pas proportion entre le crime et la punition. La proportion consiste à l'arrêter, et, s'il se défend, à employer contre lui les poings et le bâton, au lieu d'une arme perforante.

En Angleterre, l'instrument de répression pour l'émeute est un court bâton de constable qui laisse libre la main gauche, pour saisir le délinquant. Voilà l'arme classique pour la répression des émeutes.

En Angleterre, c'est entre les mains du citoyen que cette arme est toujours placée. Les citoyens appelés apportent à la répression non-seulement le secours matériel de leurs bras, mais encore le concours moral de leur position connue et de leur honorabilité.

En cas de troubles populaires, le magistrat demande des *constables spéciaux* volontaires. Il a le droit de requérir tous les citoyens, mais il suffit toujours de les inviter. Lors de l'émeute chartiste de 184... il se présenta 250,000 constables spéciaux *volontaires*. Parmi eux se trouvait le prince Louis-Napoléon Bonaparte, aujourd'hui empereur des Français.

Ces constables spéciaux demeurent provisoirement chez eux et vaquent tranquillement à leurs occupations, jusqu'au moment où leur service est requis. C'est beaucoup plus simple que de faire venir des cuirassiers de Versailles et de les faire bivouaquer sur les places publiques.

Appliquons ces méthodes aux émeutes de juin; toute la population était soulevée contre les émeutiers. Si l'on avait demandé des hommes de bonne volonté pour les réprimer, ils se seraient présentés par dizaines de mille.

On en aurait trouvé de très-nombreux parmi les habitants des quartiers agités, parce que ces habitants étaient exaspérés des actes de dévastation, de la fermeture obligée des boutiques et du trouble apporté à leurs affaires.

On en aurait trouvé de nombreux parmi les curieux qui, voulant voir de près les événements, auraient saisi cette occasion de s'en rapprocher.

Enfin, bien que cela paraisse étrange au premier coup d'œil, on en aurait trouvé de nombreux parmi les émeutiers. Il y a, dans toutes les émeutes, beaucoup de gens qui n'ont pas d'autre mobile que le besoin de se donner du mouvement. Ils s'en donnent en faisant une émeute; ils s'en donneraient tout aussi volontiers en la réprimant. Ils veulent taper sur quelqu'un ou sur quelque chose, peu leur importe sur qui et sur quoi.

Les gardes mobiles de 1848, presque tous pris parmi les faiseurs d'émeute, se trouvèrent, aussitôt après leur transformation, les plus ardents de tous à combattre ceux qui voulaient en faire sans eux. On eut de la peine à les empêcher d'attaquer la bande qui occupa longtemps les Tuileries. Les gardes mobiles demandaient seulement qu'on fermât les yeux, et qu'on les laissât attaquer pour leur compte et pour leur plaisir particulier.

La police la mieux faite est celle qui admet, dans la plus large mesure, le concours direct de la population : c'est la police des peuples libres ; c'est vers cette police que nous devons marcher. Par l'institution du jury, nous avons fait intervenir le citoyen libre dans la punition des crimes ; il s'agit de le faire intervenir dans leur découverte et leur répression. Il faudra ensuite en faire autant pour les délits, et donner, comme en Angleterre, une part aux citoyens dans l'*examen du fait* dans les causes civiles.

Quand nous aurons fait cela, nous serons classés parmi les peuples civilisés en matière de justice, de police et de maintien de l'ordre. Mais toute espèce de progrès dans ce sens-là rencontrera une résistance désespérée de la part de ces nombreux fonctionnaires qui doivent leur position et leur importance au droit exclusif de poursuivre et de réprimer et au rendement de la justice. Il semble que, sur ce point, le gouvernement personnel n'aurait aucun intérêt à défendre le monopole et à écarter des réformes dont la population entière lui saurait tant de gré.

Aujourd'hui, on peut, à la rigueur, se passer du concours des particuliers pour la police des rues. Est-on sûr qu'on le pourra toujours ? La population parisienne est contenue maintenant par une énorme garnison ; mais, si nous avions une grande guerre, est-ce que nous immobiliserions 60,000 hommes à Paris, uniquement pour empêcher le désordre ? Il semble que ces troupes seraient plus utiles sur le Rhin, ou même au delà. Il faudrait donc préparer d'avance de nouveaux moyens d'action et les tirer des forces sédentaires qui peuvent remplacer les soldats à Paris, et qui ne pourraient pas les remplacer sur un champ de bataille.

On fait cette objection que des malfaiteurs viendront s'enrôler comme constables et se serviront ensuite de leur titre de constable pour faire de l'émeute. Ce fait est, pour ainsi dire, sans exemple en Angleterre, et serait presque sans exemple en France pour deux raisons :

1° On ne reçoit pas comme constables les vagabonds et les inconnus.

2° Le constable, une fois accepté, prête serment ; après quoi, s'il trahit, il a six mois de prison.

Il faudrait accoutumer, dès à présent, la population à faire elle-même sa police sous la direction du gouvernement, et ne pas attendre, pour cela, le moment même du besoin et de l'urgence.

XI

CONCLUSION

Si l'on examine la question des formes de gouvernement d'une manière abstraite et philosophique, en écartant, pour un moment, les circonstances de temps et de lieu, on s'aperçoit promptement qu'il n'y a pas une de ces formes qui soit, au fond et en elle-même, préférable aux autres. Chacune d'elles est préférable aux autres, là où elle est en rapport avec les instincts et les antécédents des nations. Chaque nation doit préférer celle qui assure le mieux sa liberté, sa prospérité et son développement. C'est de ces théories politiques qu'on peut dire sans ironie : Vérité au delà des monts, fausseté en deçà. Elles sont partout et demeureront toujours flottantes et livrées à l'éternelle discussion de tous : elles ne reposent point sur une vérité primordiale que le doute et la contradiction ne puissent pas atteindre. Combien sont plus nettes les questions positives et combien est plus ferme le point de départ qu'elles offrent à un gouvernement! Chacun peut contester l'excellence du gouvernement monarchique ou celle du gouvernement républicain; mais qui est-ce qui contestera l'excellence du bien-être et de tous les bienfaits qui en découlent: l'éducation, la santé, la bienfaisance, l'indépendance; le perfectionnement physique et moral de la race humaine?

Les formes de gouvernement n'étant qu'un moyen pour arriver au bonheur, au progrès et à la liberté, ce serait une étrange illusion que de se préoccuper du choix des moyens, au point de perdre de vue le but. Peu intelligent serait un gouvernement qui ne comprendrait pas ce que les peuples lui demandent.

Il peut bien arriver que les orateurs et les écrivains se passionnent exclusivement pour les questions de théorie : leur passion est juste, l'exclusivité de leur passion ne l'est pas. Mais les questions positives occupent la plus large place dans l'histoire des peuples; les négliger au profit des questions théoriques, c'est presque toujours lâcher la proie pour l'ombre.

Les questions positives sont moins bruyantes que les questions politiques; elles sont moins pressées, moins ardentes et moins loquaces; les gouvernements en méconnaissent trop souvent l'importance, parce qu'ils sont généralement disposés à écouter celui qui crie le plus fort. A la longue pourtant, elles exercent une influence toute-puissante, parce que c'est une influence de tous les instants. Elles ont, pour les gouvernements, cet avantage énorme de détourner les esprits d'une tension sans relâche et trop exclusive à l'endroit des questions politiques. Elles développent le goût des études sérieuses et tempèrent, par une diversion bienfaisante, l'âpreté des querelles qui n'ont quelquefois pour but que la possession du pouvoir.

Il faut que l'activité des corps électifs s'exerce sur quelque chose. Si on la prive de son aliment naturel, qui devrait être en grande partie l'étude des intérêts positifs, elle se rejette avec plus d'ardeur sur la sphère d'activité qui lui est laissée, celle qui consiste à lutter pour la possession des positions politiques.

L'étude des intérêts positifs du pays introduirait donc une période d'apaisement dans nos hautes régions politiques, en même temps qu'un vaste développement du bien-être général de la nation.

On entend dire assez souvent : Les hommes du gouvernement sont bien embarrassés; ils sentent la nécessité de faire quelque chose, et ils ne savent que faire. S'ils ne trouvent rien de mieux, ils feront la guerre, pour faire quelque chose. J'espère, pour les hommes du gouvernement, qu'ils ne sont pas aussi embarrassés qu'on le dit, s'ils l'étaient, ils s'embarrasseraient de peu de chose. Ils ne doivent éprouver d'autre embarras que celui du choix. S'ils ont réellement pensé à la guerre, c'est qu'ils sentent la puissance et la nécessité des dérivatifs : eh bien, les dérivatifs se trouvent dans les travaux de la paix mieux que dans les travaux de la guerre. Le dérivatif naturel, c'est d'appeler l'attention de la nation sur la réforme de ses lois d'intérêt matériel. Ce travail sera largement suffisant pour occuper la législature actuelle et peut-être celle qui suivra.

Il est malheureusement certain que la France n'est pas encore préparée à supporter un état de liberté complète; mais il est également certain qu'elle pourrait en supporter beaucoup plus qu'elle n'en a.

Il faudrait lui rendre immédiatement :

1° La liberté et l'inviolabilité de la personne et du domicile, avec le droit de défense directe de l'une et de l'autre;

2° Le pouvoir de prendre légalement la défense de l'ordre, et de réprimer les troubles et les agressions, sans attendre l'intervention de la force armée;

3° La liberté de faire connaître et de publier les faits, du moins ceux qui sont étrangers à la politique et qui intéressent l'industrie et la morale publique;

4° La liberté du crédit public et privé, et du commerce de l'argent;

5° L'affranchissement de l'agriculture et son assimilation aux autres industries; la liberté pour elle de s'associer et de se réunir, celle de gérer ou faire gérer, plaider ou faire plaider ses affaires comme elle l'entend, et la certitude que les tribunaux la jugeront conformément aux lois et aux contrats librement consentis; la protection qui lui *est due* contre les maraudeurs et pillards;

6° La restriction du pouvoir tracassier et ignorant de la bureaucratie;

7° La poursuite directe contre les fonctionnnaires, sans qu'une autorisation soit nécessaire.

8° Une éducation plus virile, avec d'autres programmes d'études et des examens modifiés dans la forme et dans le fond;

9° L'égalité devant l'application de la loi et l'action du ministère public;

10° L'honnêteté dans les transactions.

Ces libertés partielles sont bien loin de comprendre l'ensemble des libertés complètes que la nation a le droit de réclamer, puisqu'elles lui appartiennent. La nation doit les réclamer toutes, mais seulement elle ne doit pas les réclamer

toutes à la fois. Elle doit réclamer, immédiatement et simul-
tanément, toutes ses libertés sur les questions positives que
nous avons très-succinctement indiquées.

Concurremment avec les libertés matérielles, la nation doit
réclamer ses libertés politiques, graduellement et à mesure
qu'elle se sentira de force à les exercer.

Si l'on voulait aller plus loin et si l'on rétablissait *immédiatement toutes* nos libertés politiques, le premier usage que
nous en ferions, ce serait de tourner nos armes les unes contre
les autres ; c'est la liberté d'une bataille générale que nous au-
rions recouvrée, perspective qui n'offre rien de bien attrayant.

On peut bien regretter que le gouvernement personnel n'ait
pas toujours pu suffisamment faire la part du progrès et com-
primer le désordre moral ; mais, au moins, il a généralement
maintenu l'ordre matériel. Faut-il le supprimer, pour trans-
former immédiatement la France en une vaste arène et pour
voir se vider, à l'aide du chassepot, les vieilles querelles du
clergé et de l'orléanisme, de Vergniaud et de Robespierre ?

Sur ce point, les opinions peuvent différer, mais elles de-
vraient concorder sur les points suivants :

Les questions d'intérêt matériel doivent, enfin, être sincère-
ment mises à l'étude.

Le gouvernement doit prendre, sur chacune d'elles, l'avis
des hommes spéciaux appartenant au vrai public, au lieu d'en
confier l'examen à des bureaucrates routiniers et à des monopoleurs qui n'ont pas d'autre idée que de les escamoter.

Les libertés politiques ne doivent point, pour cela, être mises
en oubli : elles doivent toutes arriver à leur rang, et l'ère des
révolutions ne sera définitivement close en France, comme
elle l'est en Angleterre, que quand la nation française aura
été amenée, comme la nation anglaise, à faire elle-même

non-seulement ses lois, mais encore sa justice, sa police, son administration et son gouvernement.

C'est alors seulement que le Janus révolutionnaire laissera murer ses portes.

Il vaut mieux, pour la stabilité d'une dynastie, être roi d'Angleterre en France, solidement assis au-dessus de la région des orages, que d'être César sur la barque agitée où il défiait le sort, mais où l'équipage invoquait les dieux.

TABLE

PARIS. — IMP. SIMON RAÇON ET COMP , RUE D'ERFURTH, 1.

www.ingramcontent.com/pod-product-compliance
Ingram Content Group UK Ltd.
Pitfield, Milton Keynes, MK11 3LW, UK
UKHW020043100726
13658UKWH00004B/1518

9 782019 956615